A CHUVA
PASMADA

A Chuva Pasmada

Autor: Mia Couto
Ilustrações: Danuta Wojciechowska
Design: Lupa
© Editorial Caminho, SA, Lisboa – 2004
Tiragem: 15 000 exemplares
Pré-impressão: Textype
Impressão e acabamento: SIG
Data de impressão: Novembro de 2004
Depósito legal n.º 217151/04
ISBN 972-21-1654-1

www.editorial-caminho.pt

A CHUVA PASMADA

Mia Couto

com ilustrações de
Danuta Wojciechowska

Ante o frio,

faz com o coração

o contrário do que fazes com o corpo:

despe-o.

Quanto mais nu,

mais ele encontrará

o único agasalho possível

– um outro coração.

Conselho do avô

Quero saltar para a água

para cair no céu.

Neruda, *Crepusculário*

Um Gotejar Sem Chuva

Nesse dia, meu pai apareceu em casa todo molhado. Estaria chovendo? Não, que o nosso telhado de zinco nos teria avisado. A chuva, mesmo miudinha, soaria como agulhinhas esburacando o silêncio.

– Caiu no rio, marido?
– Não, molhei-me foi por causa dessa chuva.
– Chuva?

Espreitámos na janela: era uma chuvinha suspensa, flutuando entre céu e terra. Leve, pasmada, aérea. Meus pais chamaram àquilo um «chuvilho». E riram-se, divertidos com a palavra. Até que o braço do avô se ergueu:

– Não riam alto, que a chuva está é dormindo...

Durante todo dia, o chuvilho se manteve como um cacimbo sonolento e espesso. As gotas não se despenhavam, não soprava nem a mais pequena brisa. A vizinhança trocou visitas, os homens fecharam conversa nos pátios, as mulheres se enclausuraram. Ninguém se recordava de um tal acontecimento. Poderíamos estar sofrendo maldição.

Que houvesse um desfecho para aquela chuva: isso
esperávamos com ansiedade. Nesse aguardo, eu me distraía
olhando os milhares de arco-íris que luzinhavam a toda
a volta. Nunca nenhum céu se tinha multiplicado em tantas
cores. Dizia minha mãe, a chuva é uma mulher. Uma dessas
viúvas de vaidade envergonhada: tem um vestido de sete cores
mas só o veste nos dias em que sai com o Sol.

A indecisão da chuva não era motivo para alegria. Ainda
assim eu inventei uma graça: meus pais sempre me tinham
chamado de pasmado. Diziam que eu era lento no fazer,
demorado no pensar. Eu não tinha vocação para fazer coisa
alguma. Talvez não tivesse mesmo vocação para ser. Pois ali
estava a chuva, essa clamada e reclamada por todos e, afinal,
tão pasmadinha como eu. Por fim, eu tinha uma irmã, tão
desajeitada que nem tombar sabia.

Fumos e Névoas

Passou-se um dia sem que a chuva descesse. Nos juntámos na varanda interrogando os céus. Sob o alpendre fazia muito silêncio. Meu avô, no assento de balanço, chefiava a vigília. Ao lado, a cadeira sagrada de sua falecida esposa, nossa avó Ntoweni. Desde que ela morrera, o assento nunca mais fora ocupado por ninguém.

E agora ali estávamos nós, calados, incapazes de raciocínio e com medo de entender. Por fim, meu avô ousou falar.

– Essa chuva traz água no bico.

Foi de repente, meu pai se ergueu e anunciou o pensamento: havia que bater naquela água, forçá-la a tombar. Deu uns passos por diante e, num gesto largo, comandou:

– Tudo a remexer!

Saímos todos com pás, vassouras e panos. Todos menos o avô que mal se erguia sozinho. E varremos o ar, socando as gotas como se agredíssemos fantasmas. Mas a chuva não tombava, as gotas viravolteavam no ar e depois, como aves tontas, voltavam a subir.

Ao fim de um tempo, meu pai se afastou de nós para não vermos uma sombra pousar em seu rosto.

– De onde vem isto? – perguntou ele em voz quase viva, não querendo ficar calado, mas evitando ser ouvido.

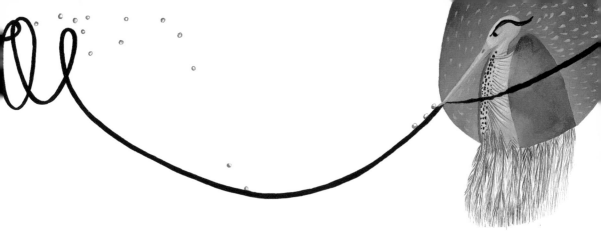

– Deve ser feitiço – sugeriu o avô.

– Não – disse a mãe. – São fumos que vêm da nova fábrica.

– Fumos? Pode ser, sim, isto só aconteceu depois dessa
maldita fumaça...

– São esses fumos que estão a atrapalhar a chuva. A água fica
pesada, já não aguenta ser nuvem...

Estremecemos, aflitos: a chuva tinha perdido o caminho.
Acontecia à água o que sucede aos bêbados: esquecia-se
do seu destino. Um bêbado pode ser amparado. Mas quem
poderia ensinar a chuva a retomar os seus milenares
carreirinhos?

No poente, vimos o avô, o meu pai e os meus tios se
encaminharem para o pátio do régulo. Assunto de chuvas
é da competência dos deuses. É por isso que existem
os samvura, os donos da chuva. São eles que falam com
os espíritos para que estes libertem as águas que moram
nos céus.

Os homens grandes se juntaram durante toda a noite, um mau
presságio lhes dava encosto. O que sucedia era um jamais
acontecido. Ninguém poderia ter ousado demoniar a chuva.
Na nossa terra, toda água é benta.

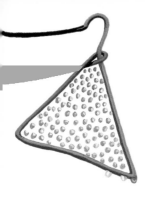

Pingo Voando Sem Peso

De pouco valera a cerimónia dos mandadores das nuvens.
Na manhã seguinte, a chuva permanecia pendurada num
invisível cabide, pairando sem peso. Do espanto passou-se
à desconfiança. Meu pai, por exemplo, temperava as suspeitas:

– Diga, meu sogro, acha que é obra dos nossos inimigos?

O avô sorriu. Seus olhos rodaram como que lhe engordando
o rosto. E respondeu:

– Inimigos? Com a idade fui descobrindo que acabamos
   fazendo coisas bem piores que os nossos inimigos.

Entre indagações e suspeitas, os nervos floriam na pele
de todos. Minha mãe era a mais inconformada.

– Marido, você que é o mais senhor, vá à fábrica e fale com
   eles...
– Está maluca, mulher? Sou pobre, quem vai escutar um
   ninguém como eu?
– Pobre é estar sozinho. Você se junte com os vizinhos, fale
   com eles...
– Não vale a pena, a maior parte ganhou emprego nessa
   fábrica, não vão nem abrir a boca...
– Mas tente falar, pelo menos com alguns.
– Eu sei com quem vou falar...
– Com quem?

– Eu cá sei.

– Você vai é falar com ninguém, eu já lhe conheço muito bem.
  Já estou habituada: nenhuma cabeça, nenhuma sentença...

Minha tia, benzendo-se, aproveitou a pausa e atalhou:

– O que podemos é falar com o senhor Padre.

– Esse também não é o caminho –, disse o avô. – Somos
  pobres, não temos anjos nem santos.

– Mas temos Deus que é de todos...

Meu velho tesourou a conversa, retirando-se para o pátio.
Apoiou-se no muro do poço e ficou espevitando o isqueiro.
Sentei-me junto dele, quieto. Até que ele espetou o braço
bem no fundo do poço e acendeu a chama. O escuro ganhou
paredes redondas, povoado pela labareda bêbada.

– Não tarda que acabe a água – disse o meu velho.

Depois, lançou os olhos na savana, coberta
de gretas e varizes. Ainda me veio à cabeça
que ele lançasse o isqueiro incandescente
sobre o capinzal. Do modo que tudo
secara, seríamos devorados por um
incêndio. Lavados pelo fogo, agora
que a água parecia nos manchar.

E talvez, então, a chuva se resolvesse a tombar e a despenhar daquela meia dúzia de palmos de altura onde se suspendera. A voz de meu pai me trouxe ao mundo:

— Vai ser assim que o avô vai morrer.
— Assim, como?
— Seu avô vai secar.

O nosso mais-velho estava minguando, empedernido, desde que ficara viúvo. Emagrecera tanto que, quando saíamos para o campo, o amarrávamos à perna da cadeira, na varanda. Com medo dos ventos da tarde. Era assim que o deixávamos, sentado, olhando o rio. Apenas a cadeira sagrada da avó Ntoweni lhe fazia companhia. Na família reinava a crença de que Ntoweni ainda ali se sentava, a escutar os sonhos do seu não-falecido esposo. Os dois eram como a aranha e o orvalho, um fazendo teia no outro.

Quando regressávamos, no final do dia, o avô ainda ali estava. Seus olhos já tinham consumido toda aquela paisagem. E havia um ressentimento quando, fingindo-se ligeiro, nos atirava:

— Antes ao Sol que mal acompanhado!

Certa vez, quando regressávamos, ele me chamou e me segredou ao ouvido:

— Ntoweni engravidou!
— Ntoweni?

O velho apontou o pé direito, todo inchado.

– Essa é Ntoweni, minha falecida...

Para enxotar a solidão, o avô dera nome aos pés. Cada um baptizado por engenho de seus delírios, em jogo de marionetas. Mordido pela curiosidade, aticei-o:

– Essa é a avó. E a outra como se chama?

Um risco malandro lhe arredondava o sorriso. Não podia confessar. Morreria com aquele nome, só para ele.

– Mentira – desdizia em seguida. – Minha saudade existe toda só para Ntoweni. Venha cá, meu neto: você nunca chegou de conhecer essa sua avó legítima?
– Nunca, avô. Desencontrámo-nos. E como era ela?
– Ntoweni era tão bonita que nem precisava ser jovem...

Todos me falavam da sua beleza. Mas ela não gostava de ser bela. A avó sempre respondia: se eu sou bela então maldita seja a beleza! Era assim que ela falava. A beleza, dizia, era uma gaiola que o avô inventara para ela ser pássaro. Um desses pássaros que canta mesmo em cativeiro. E o engano dessas aves é acreditar que o céu fica do lado de dentro da gaiola.

O Fluir do Rio Seco

Passaram-se mais dias. O rio
emagrecera mais do que o avô,
os terrenos encarquilharam, o milho amarelecia.

Nessa noite, a lua estava cheia. No escuro, o luar se replicava
nas mil gotinhas, acendendo um fantástico presépio. Nunca eu
tinha assistido a tanta luz nocturna, o estrelar do céu mesmo
sobre o nosso tecto. Meu pai sorriu:

– Já temos lua eléctrica!

E nos fez sorrir. Olhei o seu rosto cansado como se encontrasse
nele razões da sua atitude, sempre ausente e preguiçosa.
Ainda miúdo, meu pai tinha ido para as minas, lá no Johni.
Saíra jovem, voltara envelhecido. Os que ficam órfãos vêem
os seus pais serem engolidos pelo chão. O fundo da terra
roubara de mim o meu pai, sem o levar da vida. Em menino,
eu acordava chorando no meio da noite. Minha mãe acudia,
pronta:

– Sonhou com ele, meu filho?

Não. Nas minas do ouro meu velho descia tão fundo que
os meus sonhos já não chegavam nem à sua lembrança. Meu
sonho era outro, mais escuro. Anos depois, meu pai regressou
mas permaneceu ausente, como se lhe faltasse algum inferno.
E partiu de novo. E regressou. E voltou a partir.

De cada vez que voltava, vinha mais e mais doente.
Fumava para que o peito não estranhasse a falta de poeira.
Quando, por fim, se estabeleceu, definitivo, entre nós, meu pai
só tinha um fazer: dormir. De tanto enroscar na cama ele
cheirava à palha do colchão.

— Porquê tanta preguiça, marido?
— Eu não durmo por preguiça. Eu durmo de tristeza.

Não era tristeza. Era um vazio. Os tristes têm um céu.
Cinzento, mas céu. Os desesperados têm um deserto. Meu pai
olhava para trás: era mais o esquecido que o vivido. O que
não lembrava era porque se esquecera de viver? Ou tudo tinha
ficado lá, na mina que desmoronou? Quando se cruzava
comigo, de pijama, a meio do dia, meu pai se justificava:

— Sua mãe quer que eu faça dessas coisas que criam alma
   na pessoa. Só que ela não entende: se eu estou vivo é porque
   não tenho alma nenhuma.

E agora, olhando-o sob aquele estilhaçado luar, me pareceu
que meu pai não era senão poeira entre poeiras de Lua.
Sua alma ficara sepultada entre longínquos minérios.

Com aparato, a mãe se levantou, interrompendo os meus
devaneios. Ela pendurou uma pá no ombro e anunciou,
ao passar a porta:

— Se a água não vem à terra...

15

Nós a vimos transitando da ideia ao gesto: atirava terra para o ar, semeando a chuva de areia. Meu pai acorreu à varanda, todo consumido:

– Tenha vergonha, mulher! Não vê os vizinhos espreitando?

Mas ela prosseguiu chuveirando terra pelos ares. E parecia resultar, os grãos se prendiam às gotas, a areia se suspendia na chuva. Minha mãe ainda brincou:

– Viu, homem? Estou a semear grãonizo.

E foi tanta a terra lançada à água que, em redor da casa, o céu escureceu. Parecia que a Lua se avariava nas mil lampadinhas onde se acendera. Restou um breu de confundir galos. A família deu por findo esse aterrar do ar. Já bastava uma estranheza.

Na minha cabeça, o futuro se antecipava: não tardaria que, da terrinha suspensa, brotassem lateralmente umas verduras. Nasceriam enviesadas, crescendo de lado para o lado. Apanharíamos milho, mandioca e feijão como se fosse do ramo de árvore. As pessoas trabalhariam como pintores, pincelando uma tela feita de pingo de areia e do grão da chuva. Minha mãe seria a primeira a festejar:

– Agora, até me canso menos. É que já não tinha costas para cavar no chão...

Mas quem vivia, de verdade, uma nova alegria era a nossa tia. Sempre fora ela a ir ao poço buscar água. Agora, nem saía de casa. Janela aberta, ela fazia girar a lata, como se desse umas quantas braçadas. Varava o ar, em curvas cegas, e a lata logo

ficava cheia. O rio era um poço escavado no céu. Um poço
à sua privada disposição.

– Deus trouxe o rio à nossa porta.

Mas a tia cedo amargou a sua ilusão. Ela era a fervorosa
senhora de cruz e rosário, sempre de reza na boca. Do inicial
sentimento de que um milagre sucedera à porta da sua casa
lhe foi despontando dúvida: o chuvilho seria, ao invés, um
sinal da indisposição divina. Ou, ainda pior, o início do nosso
último destino. Uma espécie, enfim, de dilúvio preguiçoso.
A tia passou a clamar aos ventos:

– Vocês não entendem? O que se está passar é uma inundação
  sem chão, um castigo de Deus!

O chão encharcado de poeira, tudo tão sedento: aquilo era
a moeda e sua outra face. Enchente e seca, escassez e excesso,
tudo num mesmo regaço.

– Vejam esse céu tão cheiíssimo! É castigo de Deus.

A tia fervia em histeria, braços flamejando. O avô não teve
as meias-medidas. E ali, em voz bem recortada, vociferou:

– O que essa mulher precisa é de um homem!

Era filha dele mas isso não desvanecia o seu parecer.
A tia amadurecera sem calor de homem, noivo, marido.
Não se contemplam tais adiamentos, nestes nossos lugares.
A mulher tem seus tempos, como um fruto. Por falta de
cumprimento das estações, minha tia estava proibida
de pilar e entrar na cozinha. Os alimentos não aceitam

mãos de mulher nessa condição, aquecida por seus interiores martírios.

Talvez fosse essa a razão que levava o avô a despejar o seu fel sobre a mais nova de suas filhas:

— A chuva não cai sabe porquê? É para lhe mostrar o que é ficar solteira!

A mãe tentou deitar água na zanga. Sem falar, ela levantou a mão e fez girar o dedo mostrando desaprovação. O avô fez que não viu e prosseguiu:

— Quando a boca fica muito tempo sem beijar a saliva se transforma em veneno.

A tia saiu chorando. Se abrigou no alpendre, rosto anichado entre as mãos. E ali estava eu, ansiando por a consolar, mas não sabendo que palavras escolher. Ofereci só isso: o estar ali, eu e meu silêncio. Ela considerou os meus favores, seus olhos vermelhos se espetaram em mim:

— O avô tem razão!

Ainda a tentei dissuadir. Mas ela reiterava suas semelhanças com o desastre da inderramável chuva. Seu rosto era sem beijo, esse chão era sem gota. E agora, o que lhe restava senão a janela da infinita espera? O cotovelo de certas mulheres foi feito para apoiar nos parapeitos. Agora que a rua se convertera num aquário, que homem mais lhe poderia chegar? Só se fosse um com barbatana e guelra. Com a ponta da capulana a tia enxugou a lágrima, a meio caminho entre pestana e o queixo.

– Venha, sobrinho, me acompanhe à igreja.

– Mas estou totalmente descalço...

– Fica na porta, à minha espera. Enquanto espera também vai
rezando.

Fomos. Braço dado, eu lhe sentia os tremores. A tia sempre
temera a água, desde que, certa vez, quase se afogara no rio.
Pois, agora, mal dados uns passos, ela deflagrou a sombrinha
e a empunhou como uma espada, abrindo caminho entre
as gotas. E logo nos molhámos por todos os lados.

– É castigo, castigo de Deus! – a tia ladainhava, caminho
afora.

A água perdera peso por motivo de nossos pecados, insistia.
Não havia outro motivo, fossem feitiços ou maldições. Somos
culpados, nós pecadores. E já ia adiantando reza, pelo
caminho: nós pecadores nos confessamos... Quando chegámos,
ela apontou a cruz no telhado da igreja:

– Escute bem, sobrinho. Só há um lugar de fazer milagres:
é aqui!

Eu que não emprestasse ouvido aos restantes, crédulos
em espíritos e mezinhas. Que isso não era de civilizado.
Sobretudo, eu não desse crédito ao avô, ele era o mais dado
aos ancestrais.

– A gente cimenta a casa, não pode mais ficar de alma
ao relento, fazendo altar em ramos de árvore.

A tia entrou. Fiquei esperando no átrio da igreja. Eu e uma
cachorra vadia partilhávamos a solidão do lugar. Me demorei

nos olhos do bicho, cheios
de pedra preta, tão preta que
era água. A cadela parecia
absorta na contemplação da
rua. Estranharia, também ela,
a chuva pasmada?

Entretanto, na pequenina igreja,
ecoavam as rezas e eu escutava
perfeitamente a voz da tia:

– Pai nosso, cristais no Céu, santo e ficado seja o vosso
   nome.

Depois, o tempo se entaramelou, viscoso. Seguiram-se
cantos e rezas, rezas e cantos. Lembrei as palavras
do avô: não são os cristãos que se fatigam, Deus é que
não tem fôlego para tanta oração. A cadela vadia,
na espera, se aproximou e sacudiu sobre mim
a água que lhe pesava no dorso. Noutra ocasião,
eu me teria zangado. Naquele momento, porém,
até me soube bem aquele respingar de frescura. Matilhas
de cães se saracoteassem e talvez o chão ficasse molhado,
como se um outro modo de chover estivesse ocorrendo.

Meu pensamento foi enxotado da cabeça como água em pêlo
de cachorro: minha tia batia os pés na calçada, despertando-
-me a mim, assustando a cadela.

– Veja, sobrinho, o padre me deu este plástico.
– Para se cobrir?
– Não. É para embrulhar a Bíblia! Não se vá esborratar
   a palavra de Deus, cruz credo!

O Adiado Príncipe

Eu já tinha amontoado suficientes pedrinhas aos pés do avô. Ele baixava-se e colocava, uma por uma, a pedra no elástico da fisga. De seguida, disparava o projéctil de encontro aos céus. O que fazia? Abria buracos na paisagem, rasgava nesgas de céu naquela cortina de água.

Me apetecia juntar-me a ele, eu mais a minha fisga. E juntos flecharmos os céus, fazendo pontaria para acertar no nada. Mas não podia. Tinham-me dado tarefas, e eu já içava um escadote sobre o ombro, quando o avô me fez parar:

– Sua tia prefere os padres porque eles desculpam o crime dela.
– Crime?
– Nunca lhe disseram? Sua tia matou um homem!

Pousei as escadas para melhor escutar. O velho não esperava por outra coisa: foi soltando as falas. Tinha sido num baile, um forasteiro tinha chegado ao nosso lugar e se decidira a pernoitar. Havia, nessa noite, festa no clube. A tia era mais jovem, mais fogosa, mas já sofria da doença de esperar homem. A enfermidade lhe deu coragem e, para espanto de todos, ela cruzou a multidão e convidou o moço para rodar. O forasteiro, primeiro, se envergonhou: já se vira mulher tomar as dianteiras? Na nossa aldeia, mulher que toma a iniciativa não o faz por coragem, mas por desespero. Ou pior, por razão de feitiço. Todavia, o fulano lá se ergueu e, meio contrafeito, foi rodopiando com ela pelo átrio. Então, sucedeu: o braço da tia foi cingindo o pobre desconhecido em aperto de jibóia esfaimada. O moço começou por ficar sem fôlego, depois foi

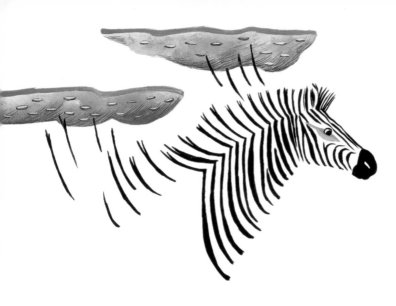

perdendo as cores e, quando se deu conta, a nossa tia já lhe tinha perfurado as costelas. O estranho caiu fulminado, por cima do último suspiro.

– Não é verdade, avô!
– O que é que disseste?

Não repeti. A fantasia do mais-velho era sempre tal que ele mesmo de suas falas se estranhava. Desta vez, porém, havia uma convicção que me fazia duvidar.

– Nada, avô. Não disse nada.

Me afastei, fui mudar as palhas do tecto. Com a acumulação da água, o colmo começava a apodrecer. Empoleirado na escada, meus olhos lutavam para se manterem abertos. A voz da tia quase me fez cair do escadote. Lá estava ela, em baixo, com o seu sorriso que nunca desbotava.

– Afinal, nem tudo é tragédia.
– O que se passa, tia?
– Hoje, de manhã cedo, vi um cavalheiro chegando.
– E quem era?

– Um desconhecido. Vinha pela estrada, todo vestido de preto.
  Foi essa chuva que o trouxe, abençoada chuva.

Perscrutei o horizonte, mão em pala sobre a testa. Como podia
ela ter visto um vulto, se tudo desfocava para além do nariz?
Miragem teria sido. Ou talvez o chuvilho já tivesse aguado
a sua cabeça.

– Desça, sobrinho, que eu quero desafiá-lo para uma surpresa.
– Surpresa?!

A tia ligou o rádio, fazendo soar uma música roufenha, quase
asmática.

– Venha dançar-me, sobrinho!

O mel na voz me fez arrepiar. As recentes revelações do avô
ainda em mim ecoavam. À minha frente, não se desvanecia
o dançarino estrafegado pelo sequioso abraço. Mas já os meus
passos tonteavam, ao compasso do rádio de pilhas.

– É verdade, tia, que houve um homem que morreu num
  baile?
– Num baile?
– Foi há muito tempo, tia.
– Ah, tenho a vaga ideia, sim. Mas como é que sabe?
– Foi o avô que me contou.
– Se foi o avô, é porque é mentira.

E ela me apertou mais. Senti o seu corpo se esmagar
de encontro ao meu.

Visões de Peixes Solares

O avô falou como sempre: aos gritos. A voz, rouca, inundou
os cantos da casa:

— Eu vi, eu vi!

Era o falar altissonante de quem não ouve e receia não
ser escutado. Que tinha visto um peixe subindo nos céus,
imitando o voo de um pássaro. Os da casa riram-se: o avô
e seus delírios. Mas eu gostei de acreditar e, no meu
pensamento, já cardumes atravessavam as nuvens,
rebrilhando entre a sarapintada claridade. E cheguei mesmo
a escutar o bater de barbatanas, o ar assobiando entre
as coloridas escamas dos peixes.

Mas o contentamento era de sol de pouca dura. Ou como dizia
o avô: de boca dura. Breve, esmoreceu o sorriso. Havia uma
tensão que crescia, uma invisível mão que sufocava
o nosso lugar. Como a serpente que asfixiou o dançarino.

De todos, era a mãe quem mais se agitava. E atingia o meu
pai, improperiando-o como se nele estivesse a culpa. Minha tia
procurava sossegar as ansiedades da irmã. Ela que deixasse
o marido, não lhe cobrasse nada.

— Você não desperdice o seu homem, mana. Há outras que
   nunca tiveram marido.

Mas era inútil. Em minha mãe fermentava uma insistência como se, naquela cobrança, fizesse contas das arrelias de uma vida inteira.

– E então, homem? Não vai falar? Não vai lá à fábrica?
– Nem pensar.
– E por que não quer ir?
– Não é que eu não quero, não tenho é vontade.

Meu velho se encostou bem arrumado no cadeirão a mostrar que falara tudo. Ele não desperdiçava palavra, nem esbanjava gesto. O que ele fez foi acender o isqueiro. Era o que fazia quando não sabia o que fazer. Há muito que não fumava, sobrara-lhe aquele gesto sem sentido. Minha mãe ainda insistiu, o queixo erguido sobre todos nós:

– Ninguém vai?

Silêncio. Minha mãe se retirou com passo decidido como se fosse passar um pano pelo céu.

Uma Estranha de Unhas Rubras

Na manhã seguinte, despertei ao comando ríspido de minha mãe.

– Vista-se, rápido!

No braço estendido exibia a roupa de cerimónia. Na outra mão, pingavam os meus únicos sapatos:

– Calçar os dois, mãe?
– Calce-se, completo.

Até ali eu apenas podia calçar um sapato de cada vez. Assim, imparmente, poupava nos calçados. Por isso, naquele dia, eu até coxeei, desabituado que estava de marchar com dupla sola.

Entrámos na rua como se mergulhássemos num lago. A chuva mantinha-se suspensa, em arranjos de gotas verticais. Andar e nadar, nesse momento entendi, diferem só pelo lugar de duas letrinhas. Por causa dessas duas letrinhas chegámos à porta da fábrica todos encharcados. Minha mãe, no entanto, se prevenira. E do saco de mão saiu uma toalha com que nos secámos. Mandaram-nos sentar num banco das traseiras.

Ficámos horas em silêncio, à espera que um chefe nos mandasse entrar. Lá veio um, da nossa raça. Era um homem forte, polido e maneiroso. Um casca fina. Falava um português com mais ondas que curvaturas. Enrolava os erres às cambalhotas com a língua. Não era um sotaque. Era um

modo de mostrar que não falava português
como nós. Sua atenção se afunilou em minha
mãe, parecia um pelicano fixando o peixe.
Aqueles olhos babões me davam aflição.

– Venho por causa dos fumos – disse a mãe.

O homem torceu o cigarro entre os dedos
e derramou o tabaco desfeito sobre o cinzeiro.
Depois, tossiu e falou como se engolisse cada
uma das palavras:

– Só o patrão grande pode falar sobre esses
   assuntos... Vou ver se ele lhe pode receber.
   Mas esse miúdo vai ter que sair.
– Mãe, eu queria ficar consigo...
– Pode ir, meu filho, não se preocupe. Pode ir.
   Mas cuide de não desperdiçar os sapatos.

Os sapatos foram poupados, sim. Mas muita areia entrou-me
para a alma nesses momentos de espera. Acabrunhava no
banco do pátio quando vi pingarem vidrinhos sobre a areia.
Sobressaltei-me: era a chuva que se resolvera a tombar? Mas,
não. Eram berlindes. Um menino branco, à minha frente,
atirava berlindes para o chão onde meus pés se afundavam.
Entendi o convite, me ergui e apanhei as esferas de vidro uma
por uma. Fiz uma cova, e outra e mais outra. Completas
estavam as três covinhas.

– Não quer jogar, menino?

– Não posso.

– Porquê?

– O meu pai não deixa. Não me deixa brincar com... com vocês.

Eu já sabia. Só não disse a palavra: pretos. Nós éramos simplesmente «vocês». Juntei os berlindes numa mão e entreguei-lhos.

– Brinque o menino sozinho. Eu fico só assistir.

– Não posso. A minha mãe não me deixa brincar no chão. Essa terra de África dá doenças.

Devolveu-me os berlindes. Assentei as mãos na areia e lancei--os à cova. Reparei como os olhos do branquito brilhavam. Me cheguei a ele e soprei em seu ouvido:

– Ora, seu pai, sua mãe... eles estão aqui para ver?

O miúdo apontou a fachada da fábrica. Pela janela, o seu pai espreitava, desconfiado. Por essa mesma janela me pareceu ver o vulto de minha mãe. Depois, a cortina se fechou.

– Aproveite agora que ninguém nos vê!

O menino ainda hesitou. Mas, depois, o seu joelho ganhou a terra e iniciámos um jogo. E logo o mundo se resumiu àquelas covinhas mais o bater do vidro contra o vidro.

Não tardou, porém, que a sombra de minha mãe se projectasse no átrio. Olhei de encontro ao sol e o seu corpo

surgia aumentado, capaz de converter o dia em noite. Mas era
só a raiva que lhe conferia tais dimensões.

– Já se pode descalçar, poupa os sapatinhos na volta...

Passou uma mão a ajeitar o lenço, acertou a roda da saia
na cintura e, autoritária, me arrastou pelo braço, como
se apressasse um peso morto.

– Diga-me, mãe, aquele senhor escutou as nossas razões?

Ela nada respondeu. Apenas as suas unhas se espetaram na
minha carne. Estranhei o afiado daquela dor. Uma mãe não
tem unha. É só feita de doçura. Mas eis que a minha me
esgatanhava, cinco fúrias se cravavam no meu braço. Reparei,
ademais, que as ditas unhas estavam pintadas. Um vermelho
triste, como um sangue já pisado.

À entrada de casa, a mãe se agachou até se atamanhar comigo
e, sacudindo-me pelo braço, sentenciou:

– Nunca, mas nunca, fale disto a seu pai!

Pendida sobre mim, voz contaminada, olhar incendiado:
minha mãe se desusava. Uma estranha ocupava a sua alma.
Uma estranha de unhas vermelhas.

Segredos, Silêncios

De noite, quando nos juntámos na sala, o avô voltou à carga:

– Eu vi!
– Viu o quê, desta vez?
– Pois eu vi o compadre Mauriciano subir de barco para
  apanhar fruta.

Naquela espasmaceira, já não havia alma para riso. Suspiros
se juntaram, incrédulos. Só eu, no imediato instante, olhei
pela janela e vi barcos percorrendo os ares, ancorando nos
ramos altos. A água deitando-se no céu: um azul vertendo
em outro azul.

Jantámos sob a nuvem do silêncio. Me custava engolir,
a lembrança da visita à fábrica me ocupava o peito. Não era
o segredo que pesava, mas o partilhá-lo com minha mãe.
Segredo é coisa que os homens comungam apenas com outros
homens. Para ser fiel à minha mãe eu estava traindo a minha
masculina condição.

De soslaio, olhei o corpo magro de nossa mãe. Ela estava
tensa, parecia que se guardava para explodir. Meu pai
espreitava a sua tensão como a impala olha a flecha no arco
do caçador. Talvez por isso tenha tomado a dianteira:

– E você, mulher, onde foi esta manhã, tão cedo?
– Fui visitar minha comadre, lá no Tsilequene. Lá há mais
  chuvilho que aqui.
– É, não cai em lugar nenhum.

As mulheres se ergueram
para levantar a mesa. Das
mãos de minha mãe os pratos
escorregaram e deflagraram em mil
estilhaços. Ficámos nós, os homens, em
resguardo, à espera do que se seguiria. Não tinha
sido um simples quebrar da loiça. Havia algo mais
profundo que estilhaçava no nosso lar. Foi quando, mãos
nas ancas, a mãe veio à sala pedir contas:

– Isso, deixem amolecer esses vossos cus na porcaria
das cadeiras...

Um riscar de dedos fez acender a chama no isqueiro. Meu
velho entretinha suas pequenas fúrias. De rompante, minha
mãe avançou sobre o marido e lhe arrancou o isqueiro. Deu
dois passos e lançou o objecto pela janela.

– Estou farta!

E saiu, batendo a porta. Ainda a vi adentrar-se na chuva até
perder contorno. Nem passou um tempo, meu pai também
se ergueu e se encaminhou para a porta. A tia barrou-lhe
o caminho:

– Onde vai, cunhado, vai ter com a minha irmã?

– Vou procurar o isqueiro.

– Mas você, cunhado, por que é que recusa falar com alguém
   lá da fábrica?

– Eu sei com quem vou falar.

– Com quem?

– Com o rio. Vou falar é com o rio.

Sem mais explicar, meu pai saiu. Furtivo como uma sombra,
fui seguindo seus passos. Quantas vezes fizéramos aquele
caminho, encosta abaixo? Desta vez, porém, era diferente.
Meu pai, primeiro, rodopiou a esgravatar entre os capins.
Procurava o isqueiro. Em vão. Depois, como nada
encontrasse, ele desceu a ladeira. Não parou nos lugares
costumeiros. Antes cruzou as penedias, para além do bosque,
onde era interdito as crianças sequer espreitarem. Era ali,
na mata sagrada, que haviam sepultado os nossos antigos.

Escondido entre os arbustos, vi como ele se ajoelhou junto
à margem, mãos mergulhadas na argila enquanto invocava
um rosário de palavras. Meu pai rezava?

Acreditei que ele não me tinha visto. Enganei-me. Falou,
asperamente, sem erguer a cabeça:

– Você não pode estar aqui...

– Eu já vou indo, senhor meu pai.

– Não, espere. Venha aqui.

– Posso?

– Se aproxime com os respeitos. Agora, ajoelhe comigo.

Meus joelhos pareciam, de súbito, desapertados: tombaram na
areia branca do leito. Já só restava um fio de água. Os bancos
de areia se exibiam como costelas no corpo da terra. Ninguém

diria como o rio já fora reboliço, rolando as ancas pelas margens.

Meu pai me pediu devoção. Eu fechei os olhos, com demasiado medo para ter crença. Até que senti como que um pulsar debaixo de minhas pernas. Um coração batia por baixo do chão? Me assustei:

– Que ruído é esse, meu pai?
– É um pilão.
– Um pilão por baixo da terra?
– São os deuses. Eles estão descascando o tempo para nos servir...

Estremeci, em arrepio. E se a terra desmoronasse, escavada como um oco no vazio? Se em vez da chuva, o que tombasse fossem as casas, a estrada, os bichos e as gentes? Eu já via mil mineiros, como meu pai, esfuracando o planeta, criando descomunal vala comum para as criaturas de todos os continentes. Era esse, afinal, o pesadelo de criança que me fazia despertar e gritar por minha mãe: o desabar do mundo e meu pai preso nos subterrâneos.

O reviver desse pesadelo me fez estremecer. Pela primeira vez, estendi o braço a meu velho, em pedido amparo. Ele demorou a dar-me a mão e, quando o fez, parecia estar segurando um peixe vivo. Foi um fugaz instante. Logo ele se corrigiu e fechou o gesto no corpo.

– Sabe quem está enterrado aqui?
– Não sei, pai.
– São as Ntowenis.

O caracol fez a casca e ficou tonto. E é por isso que nunca
sai de casa. Também eu me sentei, incapaz de sair da interior
neblina. Meu pai dissera «as Ntowenis», no plural. Afinal,
quantas havia?

– A avó de sua avó também se chamava Ntoweni. As duas
  estão enterradas aqui, uma juntinho da outra.

Dizem que elas, de noite, saem juntas. Sopram as cortinas,
levantam as nossas pálpebras e nos insuflam os sonhos.
É então que, por breves instantes, se vislumbram duas luas
cruzando os céus.

O Peixar do Tempo

Sentado sobre a balaustrada da varanda eu abanava
as pernas. Afugentava ócio e mosca. O avô me repreendeu,
severo:

– Pare de balançar as pernas!
– Porquê?
– Não sabe que é assim que se embala o filho do diabo?

Estanquei as pernas, sacudi a cabeça. Tudo aquilo me surgia
sem a devida realidade. O avô, por exemplo, segurava uma
cana de pesca. O fio pequeno e o anzol ficavam suspensos a
uns palmos do chão. Pescava no ar. Haveria, dizia ele, sempre
um peixe que não saberia separar as águas. O avô, mais os
seus ditos. Enquanto fingia pescar, os olhos fixavam um
inexistente horizonte. Pensava no nascimento da bezerra?

Recordei os tempos em que, todos os domingos, ele me levava
à pesca. Sem conversa, nos quedávamos na margem enquanto
olhávamos o rio e suas eternidades. Pescar é um modo de ser
peixe nas águas do tempo.

– Pescar é muito bom. E sabe porquê? Porque é uma
   actividade sem nenhuma acção. Está entender, meu neto?
– Sim, avô.
– Você também gosta desta pescatez, não é?

Lá no alto, a águia pesqueira volteava. O avô dizia de um
modo que soava assim:

– Olha a água pesqueira!

A água pesqueira, sim. Me aprazia pensar que era o rio,
ele mesmo, quem pescava. O avô muito elogiava as sábias
preguiças. Certa vez me tentou convencer de que o mundo
andava tão ocupado em nada fazer que até o rio por vezes
parava.

– O rio parado? Mas, avô, isso é coisa que nunca ninguém viu.
– Isso é porque o rio desata a mover-se assim que vê gente
   chegando.

Nesse jogo de enganos eu me embalava enquanto o mais-velho
cantarolava como se espreguiçasse. E era sempre a mesma
cantilena:

O rio,   Macio,
sem cio,   sem pio,
um fio.   um pavio.

Eu aguardava um só instante: o de desanzolar o peixe,
o escorregadio corpo do bicho prateando em minhas mãos.

– Cuidado, não se pique!

Meu avô era o único que me dedicava cuidados. Nem meu pai
nem minha mãe nunca me tinham lustrado em mimos. Por
isso, mais que a chuva, me doía agora aquele definhamento
dele. Não é que, antes, ele não fosse já magro. Mas, agora,
se extinguia a olhos vistos. Seu estado se precipitara desde que
soube que o rio tinha secado. Nunca mais comeu, nunca mais
bebeu. Aquela rejeição me causava estranheza. Afinal, o avô
sempre dissera:

– A velhice não é uma idade, é uma decisão.

– Uma decisão?

– A velhice é uma desistência.

Desistido, meu avô cedera ao tempo. E agora, uma vez mais, eu interrompia a sua imaginária pescaria para lhe levar um copo de água. Mas o avô recusou, sorrindo:

– Não se aflija, eu bebo como os pássaros, debico nas gotas.

Ajeitei a manta sobre as suas pernas que despontavam como galhos pontiagudos. Ele entendeu os meus cuidados e se explicou:

– Já vi o rio minguar, tantas vezes. Mas secar assim tão
   completamente é coisa que nunca eu podia imaginar. Diga,
   meu neto: você sabe quem é esse rio?
– Quem é o rio? – estranhei.
– Vou-lhe contar uma história, meu filho.
– Uma história com final feliz?

Eu já sabia: a única história com final feliz é aquela que não tem fim. Era assim que ele dizia. Desta vez, porém, o tom era outro, nem eu lhe reconhecia o pigarrear grave.

– Não é uma história. É um segredo que corre na família.
   Escute com atenção.
– Eu escuto sempre com toda a atenção.
– Não é isso. É que vai ouvir a minha voz, no princípio. Depois,
   já no fim, escutará apenas a voz da água, a palavra do rio.

Enquanto o avô ia revelando a lenda,
eu me embalava como se, de novo,
me entretivesse em pescarias.

A Lenda de Ntoweni

No princípio, quando chegaram aqui os nossos primeiros,
este lugar não tinha água. Nem lagos, nem rios, nem sequer
charcos. Só no vizinho Reino dos Anyumba é que chovia, só lá
é que adormeciam os grandes lagos de Chilua. Os primeiros
habitantes do nosso lugar sofriam e morriam olhando
as nuvens que passavam.

Mandaram então Ntoweni, a avó
de sua avó, para que fosse ao Reino dos Anyumba e trouxesse
provisões de água para a aldeia. Ntoweni era como a neta: uma mulher
de extraordinária beleza. Pois ela levou uma cabaça grande e prometeu
que voltaria com ela cheia. Beijou os filhos, abraçou o marido
e despediu-se de todos.

Ntoweni chegou à cidade e, logo, o imperador soube
da sua chegada. Mandou que ela comparecesse na sua residência.
O grande senhor apaixonou-se pela beleza daquela mulher. E disse-lhe:

– Só lhe darei água se nunca
mais sair daqui. Hoje mesmo
você vai ser minha esposa.

Ntoweni pensou e decidiu fazer-se de conta.
Entregou-se ao rei naquela noite, deixou que ele dela abusasse.
Antes de adormecer, o monarca ainda ameaçou:
– Se fugir eu lhe mandarei matar.

Na manhã seguinte,
Ntoweni escapou por entre
a poeira dos caminhos. Assim que deu
pela sua ausência, o rei mandou
que a seguissem. Quando ela se
aproximava de sua casa, uma azagaia
cruzou o espaço e se afundou nas suas costas.
A cabaça subiu, desamparada, pelo ar e a água se derramou,
desperdiçada. Mas quando a vasilha se quebrou no chão,
os céus todos estrondearam e um rasgão se abriu na terra.

Das profundezas emergiu um rugido
e uma imensa serpente azul
se desenrolou dos restos da cabaça.
Foi assim que nasceu o rio.

Quando meu avô se calou eu deveria
escutar a voz do rio. Mas nada soava.
Apenas um silêncio nos magoava como uma
ferida interior. Talvez fosse saudade da águia
pescadora, saudade da água pesqueira. Sentiremos
sempre a saudade como um mar em que, em outra vida,
nos tenhamos banhado.

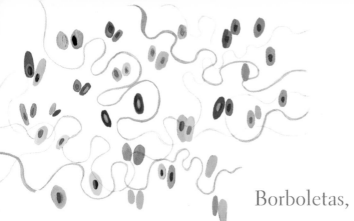

Borboletas, Pirilampos

No coberto do nosso pátio se passou a juntar a rapaziada da aldeia. Ali podíamos brincar protegidos pelo telhado de colmo. Nessa tarde, minha mãe saiu cedo e os meus assobios logo convocaram a miudagem. E vieram crianças aos magotes. Mas não foram apenas os miúdos que compareceram. Sem darmos conta, no alpendre se haviam juntado todas as borboletas da região. Era um infindar de asas e cores. Ao de leve toquei as asas de uma delas. Nos meus dedos ficou presa uma poeira dourada. Pareciam pequeninas escamas. Afinal, escamas como as de um peixe sem peso.

Prisioneiros naquele exíguo espaço, que mais podíamos fazer senão brincar ao jogo das adivinhas?

– Sabem qual é diferença entre borboleta e gente?
– A pessoa tem alma, borboleta é alma.
– O pirilampo morre?
– Não. Que ele é como o Sol: apenas se põe.

No flagrante da brincadeira vimos passar o menino branco, filho do dono da fábrica. Parecia mais pálido do que era, cabelos finos encharcados num desalinho. Os nossos cabelos, crespos, não se desmanchavam assim tanto.

Todos os meninos se riram do miúdo, menos eu. Magoaram--me seus olhos gulosos invejando os nossos risos. Ainda me

veio à boca o convite: ele que se juntasse. Mas qualquer coisa
me suspendeu. Melhor seria não o forçar a que recusasse.

De repente, meu pai, olhar esgazeado, rompanteou-se entre
nós. Os miúdos se encostaram nas paredes a dar espaço
à fúria dele. O dedo, em riste, me alvejou:

– Onde é que foi sua mãe?
– Ela foi ao Tsilequene.
– Você, se é mentira, bem que se pode arrepender. Vá já
   dizendo adeus aos seus amiguinhos.

Com violência, ele me puxou pelas roupas. A mostrar que eu
era coisa, não gente. A mostrar que ele era homem, não pai.
A vergonha doía-me mais que as pancadas que se avizinhavam.

– Senhor, desculpe...

Era a voz descolorida do miúdo branco. Meu velho parou,
surpreso, mantendo-me pelos colarinhos.

– Desculpe, senhor: trago uma mensagem da sua esposa.
– Mensagem? Da minha esposa?
– Sim, senhor. Encontrei-a no mercado.
– No Tsilequene?
– Sim, no... nesse. Disse-me que entregasse isto ao seu filho.

Relutante, meu pai me libertou. Aproximei-me do moço
que estendia as mãos fechadas. Abriu as mãos nas minhas,
de costas para todos os outros. Como eu previa,
não havia nada no oco de suas mãos.

Um Homem à Espera de Ser Terra

– Não vou, não vou!

Era o avô que gritava, angustiado. Saí correndo para a varanda. Não pude acreditar nos meus olhos: meu avô, trémulo, atacava com a bengala a cadeira sagrada de sua companheira. Enquanto esgrimia a bengala, não parava de berrar:

– Espere, Ntoweni, não faça isso. Não faça isso comigo.

Corri mais a ampará-lo do que a pará-lo. Porque a bengala já tombara da sua mão tremente. Ajudei-o a sentar-se, sacudi o ar para lhe restituir o peito. Ficou assim um tempo, seu respirar sendo um fio mais sumido que o rio. Contudo, seus pés raivosos procuravam ainda atingir a cadeira da falecida. E eu me perguntei: será que o nosso avô alguma vez tinha morado todo ele, inteiro, na crença daquele sagrado?

Até que ele desabou, rosto enterrado entre as mãos. Meu avô chorava. Em vez de lágrimas, porém, lhe caíam pedrinhas pelo rosto.

– Está chorar porquê, avô?
– Estou com tanta saudade...
– Saudade de quê?

– Não sei, já esqueci...

Minha mãe, entretanto, regressara a casa. Exibi as pedras
choradas por seu pai.

– Não diga disparates, filho. Já basta de coisa estranha!

Atirou ao chão as pedrinhas, se chegou ao avô e sacudiu
a cabeça. Com vigor desmanchou o nó que o atava à cadeira:

– Nunca mais ninguém amarrará ninguém nesta casa!

Que era coisa que nem aos bichos se permite. Gritava alto
e bom som para que toda a família escutasse. Meu pai ripostou:

– Mas, sem corda, ele vai-se, mulher. À mínima brisa, ele
   levanta. Você, depois, vai buscá-lo em cima da árvore?

A mãe não desarmou. E, num outro tom, como se soubesse
de segredos, proferiu:

– Vai ver que, desatando-o a ele, estaremos a desamarrar
   a chuva. Vai ver!

Meu pai se resignou. Mas ainda,
antes de sair, depositou um búzio
sobre o colo do avô. Era uma
concha enorme, desses caracóis

marinhos que crescem até ser do tamanho de uma rocha.
Servia de peso e ele, na espera, podia até se entreter. Quem
tem um búzio, tem o mar. O mais-velho encostou o ouvido na
concha e adormeceu enquanto a si mesmo se embalava. E já
não era pessoa. Era um barco volteando por esse mar que ele
nunca visitara e de que sempre falava:

— Ah, esse mar, eu nunca lá estive mas já lá muito me perdi!

O avô sempre quisera navegar para o estuário. Todos sempre
se opuseram. Um dia, ele foi, fingiu que foi. Não passou da
segunda curva do rio. Num remanso, ocultou o barco na
margem e se abrigou num esconderijo. Ficou assim uns dias,
deixou que a demora apertasse em nosso coração, fez pesar
a sua ausência. Só depois regressou, empurrado pela fome
e pela sede. Meus olhos ansiosos o cravejaram. Ele rebaixou
os cantos dos lábios, displicente:

— O mar como é? Ora, meu neto, o mar não se pode contar...

E divagava, frases destoadas: tudo não é senão um ressoar
de concha, águas de arribação. E o tontear do nada no vazio
de um búzio.

— Você entra na canoa, pega no remo mas não rema que é
    para não ofender o rio, entende?

Não entendia. Como agora, continuava sem entendimento.
Olhei em redor: todos se tinham retirado. Ficara eu reparando
os estragos na cadeira de Ntoweni. Como que para castigo

levantei uma das madeiras quebradas. O avô abanou
a cabeça:

— Veja o que fiz, quebrei o sustento dessa cadeira.
— Isto repara-se, avô.
— Mas a culpa é dela. A culpa é de Ntoweni. Diga uma coisa,
   meu neto: tenho culpa de não ter morrido? Tenho culpa,
   porventura?

Pela primeira vez, o avô falava da morte. Parecia ter aberto
uma porta interdita. Porque seguiu falando sem se deter. Que
a sua tristeza não era o morrer. Era o não saber terminar. Se
ele aprendera tanta coisa, até a posar para a fotografia. Não
sabia, contudo, posar para a morte. Que palavra, que rosto
preparamos para esse momento final?

— Quando eu era menino, cheio de vida, eu sabia morrer.
   Agora, que já vou para a despedida, já esqueci como se
   morre.
— Avô, morrer é coisa que ninguém sabe.
— Sabe o peixe. Já viu como o peixe desfalece? Sem cansaço,
   sem tristeza, sem protesto.
— Ora, avô, não falemos de coisas tristes. Sabe uma coisa? Um
   dia iremos os dois a ver o mar...
— Eu já não tenho tempo. Devia era ter aprendido com
   o peixe.
— Não diga isso, avô.

Olhei para o mais-velho e, num instante, o vi todo desaguado,
ressequido como um deserto. Afinal, o pai tinha razão. O avô

estava secando. Nele eu assistia à vida e seu destino: nascemos água, morremos terra.

Minha mãe que, entretanto, chegara interrompeu-nos a conversa. Ao pesar aquela nossa tristeza, ela se interrogou: que falas seriam aquelas que tanto ensombravam o meu rosto?

– Meu pai, por que fala de morte com um miúdo desta idade?
– São verdades que esse miúdo necessita ir amanhando – respondeu o avô.
– Conversa – respondeu a mãe. E virando-se para mim, tranquilizou. – Não leve no peito, meu filho, isso é tudo fingimento.

Cão que ladra é porque tem medo de ser mordido. Do mesmo modo, o avô se apoiava na palavra para ganhar força, vencer os medos que o atacavam por dentro.

– Tudo isso é fingimento – repetiu a mãe.

O avô fingia tudo, fingia pescar, fingia até viver. Não nos lembrávamos nós de como ele inventara a viagem rio acima?

– Inventei mas não menti. Você vai aprender, meu neto: toda a viagem é um faz de conta.

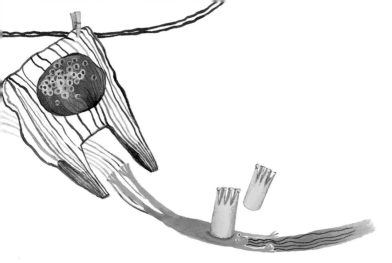

A Confissão na Ponte Morta

Estranhei a tia, furtiva, no escuro. Me acenava, sussurrando:

– Sobrinho, me ajude. Leve este saco, não quero que ninguém
  me veja.
– Para fazer o quê?
– Não discuta, leve-me o saco. Encontramo-nos no portão das
  traseiras.

Ajudei-a nesse seu propósito de sombra. E logo dei conta:
ela se esgueirava de casa, de alma e bagagem.

– Tia, vai-se embora?
– Eu vou, sim.
– E porquê?
– Fui eu que trouxe esta desgraça, foi tudo culpa dos meus
  pecados...

Falava enquanto andava, se afastando pela estrada a passos
largos. Eu a seguia, ajudando-a nos carregos. Até que
chegámos à ponte do Guazi, uma ponte velha, em ameaço
de desabar. Há anos que ninguém ousava apoiar um pé nas
suas carcomidas tábuas. Era ali que minha mãe lavava
a roupa quando o rio levava caudal. Mas foi interdita de lavar

quando notaram que, invariavelmente, as roupas escapavam ao sabor da corrente. As gentes pescavam as peças de roupa mais abaixo no remanso. Todos estranhámos: nossa mãe, que era tão atenta aos seus afazeres, como se distraía tanto assim?

Pois, a tia se sentara na mesma pedra onde antes minha mãe lavava as roupas. O olhar dela vadiou pela paisagem enquanto suspirava:

— Fico aqui, na ponte, quem sabe aqui ele me pode ver...
— Quem ele?
— Ele.

Regressei a casa deixando-a sob o manto da chuva. Ainda parei na estrada a olhar para trás: a tia parecia ter sido capturada dentro de um vidro fosco. A seu lado, uma velha tabuleta deveria, em tempos, ter gravado o nome do nosso lugar. Mas já não se distinguia nenhuma letra. A tia dizia que ali estivera escrito «Sembora». Segundo ela, a nossa vila se chamava Sembora porque dali a gente só se ia embora. Tanto ninguém chegava que o cemitério nunca fora chamado a crescer.

Cheguei a casa sem ter dado conta do percurso. Quando contei o sucedido ao avô ele foi como que atingido por um projéctil. As pernas bambas se erguiam e reerguiam. A boca abria e fechava como um peixe fora de água. Quando tentei acalmá-lo, ele me segurou os pulsos para vincar bem a sentença:

— Volte imediatamente à ponte! E fale isto a sua tia: diga-lhe que eu sei tudo. Sempre soube tudo.

– Certo, avô.

– Ela que volte para casa. Sua tia não tem culpa nenhuma.
  E lhe diga assim: que pedra contra pedra só pode dar fogo.

– Não estou a perceber, avô.

– Ela há-de saber. Diga só assim: pedra contra pedra...

– ... só pode dar fogo, já entendi.

– E lhe entregue isto.

Os dedos tortos tremeram mais do que o costume. Passou-me
um embrulho tosco, atado com um cordel.

Fui andando, rumo à ponte, passo lento para dar tempo
às ideias. Minha tia saía de casa sem despedida? Diz-se que
despedir é já partir. Talvez por isso ela não dissera nenhum
adeus. E até invejei a sua coragem: ninguém a não ser
os meus distantes irmãos haviam vencido a estrada.

Percebi que chegara ao charco de Guazi pelo ruído
ensurdecedor das rãs. Minha tia parecia uma mancha
esborratada, desenho murcho em papel molhado.
Desembrulhou o presente. Um faiscar de metal me ofuscou.
Enruguei o olhar para apurar a luz entre as luzes. Na concha
da sua mão, brilhava o velho isqueiro de meu pai.

A Bíblia tombou-lhe do colo, soltando-se do invólucro
de plástico. Mas a tia estava em tal encantamento que nem
cuidou que a palavra divina estava tombada sobre o chão.

A Inundação do Sangue

Minha mãe me chamou ao quarto. Estava-se abonitando, frente ao espelho.

– Que tal estou, meu filho?
– Não sei, mãe, para dizer a verdade eu não gosto de lhe ver assim...

Primeiro, pareceu sentida. Mas depois ela sorriu, mão na anca, em pose:

– Pois lhe digo: estou bonita, mas muito bonita. Vocês deviam era ter-me visto mais vezes assim, mulher de valer.

Pegou no frasco de perfume e já se preparava para se borrifar quando hesitou, gesto suspenso. Pediu que me aproximasse.

– Quero só que me diga: você acha que eu cheiro mal?
– Mas, mãe...
– Me cheire, filho. Sem receio, cheire esse meu aroma natural...

Eu não sabia como contrariar. Menos sabia como obedecer. Como se pode, a pedido, cheirar uma outra pessoa? Pior ainda se esse alguém é a própria mãe. Mas o tom ganhava insistência, minha mãe se afastava de si, via-se que não era comigo que falava. Ela estava ajustando contas com fantasmas:

— Pode alguém dizer, realmente, que este cheiro não é
   de mulher?

Virei costas, não podia nem ver nem escutar mais. O meu desejo era sair, a minha pressa era desaparecer. Mas não tive tempo. Porque, de repente, ela atirou o frasco de cheiro de encontro à parede. Vidros e perfume se espalharam por todo o quarto. A mãe desabou no chão como se ela fosse o último estilhaço.

— Eu não aguento mais, filho. Estou a chegar ao fim.

Enxugou as lágrimas, inspirou fundo enquanto eu limpava os destroços de sua raiva.

— Limpe isso, meu filho, me ajude. Eu tenho que ir à fábrica,
   já estou atrasada.

Voltou atrás para me dar um beijo. Mais que um beijo:
me entregava a amarra de um juramento.

— Ninguém pode saber, ouviu? Ninguém.

E saiu. E foi no momento certo, pois não tardou que, leve como uma sombra, meu pai se adentrasse pelo corredor. Vinha

guiado pelo cheiro a perfume. Penetrou no quarto de casal
e farejou com porte de caçador. Escutou um vidro se esmagar
por baixo da sua bota. Os olhos, de gato, perscrutaram em
redor:

– Não sabe de sua mãe?
– Eu acho que ela foi ao rio...
– Ao rio?

Bateu a porta com estrondo. E eu corri com ele para o vale.
Meu pai andou às voltas procurando pela mulher. Já desistido,
quebrou um ramo de kwangula-tilo. Eu sabia o que era:
um arbusto verde-escuro que afasta os relâmpagos e traz
bons-olhados. Juntando a força dos dois braços, meu velho
espetou o ramo na areia branca. Fazia como se cravasse
uma faca no peito do mundo.

Depois, ele próprio se derramou sobre o leito já seco. Parecia
chorar. Ou talvez dormisse como se aquela fosse a sua cama
primeira. Ficou assim, um tempo. Um tempo tão lento que
eu me cansei e regressei, só, para casa.

Meus pés descalços, no caminho, acariciaram os calhaus
rolados. Como o rio arredondou a pedra: assim eu queria
suavizar a palavra e pedir a meu pai que regressasse para
casa. Mas não fui capaz de dizer nada.

No quintal, sentei-me no velho barco do avô. Cansado, perdi
conta de mim. E sonhei. O mesmo sonho de sempre. Herdei
de meu avô o sonho costumeiro de ir ter com o mar. Ser rio
e fluir. Água em água, onda em onda, até escutar o grito
agudo da gaivota.

Acordei,
estremunhado.
Não era o piar aflito
das gaivotas: eram gritos
que vinham de nossa casa. Mais
perto, percebi os clamores, meu pai
espanejando ameaças:

– Eu mato-a, eu mato-a!

Cheguei à varanda e me surpreendi: na sagrada cadeira
de Ntoweni estava sentado o menino branco, o filho do dono
da fábrica. O miúdo chorava, tremendo e fungando, enquanto
meu pai rodopiava como um corvo em seu redor. Muitos
braços procuravam acalmar o velho. Sobretudo, a nossa tia
sabia dar uso ao seu regresso. E lhe suplicava, com a voz mais
doce.

– Cunhado, por favor, o que esse miúdo falou não é verdade...
   minha irmã deve estar no mercado...

Meu pai, porém, já era um vulcão. Entrou na arrecadação,
desatou a abrir e fechar gavetas. Aproveitei para me
aproximar do miúdo branco. E disse-lhe:

– Você não pode sentar aí... essa é a cadeira sagrada...
– Como?
– Essa cadeira está quebrada, você ainda vai cair.

O moço ergueu-se, com modos sonâmbulos. Depois, baixou
o rosto para esconder as lágrimas. Entre soluços, murmurou:

– Eu vinha para brincar contigo, eu só queria brincar
    contigo...

Meu pai irrompeu de novo pela varanda. Esgrimia uma
catana na mão, enquanto anunciava:

– Vou à fabrica e mato aquela gaja!

Nenhum de nós se mexeu. Assim que se deixou de escutar
a gritaria no fundo da rua, minha tia implorou aos homens que
intercedessem. Eles que fossem e fizessem estacar a sangraria.
Mas todos se recusaram:

– É honra de homem, não nos podemos meter.
– Você, meu sobrinho, vá parar o seu pai, por amor de Deus!

Mas os outros, mais-velhos, me fizeram parar. Sem palavra,
sem gesto. Bastou o seu olhar fechado como uma muralha.
Ficámos em silêncio, apenas com o vozear ranhoso da nossa
tia:

– Pai nosso, cristais no Céu...

Não suportava mais aquele cantochão, as mal soletradas
orações que só podiam trazer mais desgraça. Zonzeei por ali,
até que um leve toque no meu ombro reclamou a minha
atenção. Era o moço branco. Falei antes que ele abrisse
a boca:

– Quem o mandou vir aqui, quem mandou dizer alguma coisa?
– Meus pais não querem que eu brinque convosco. Eu também
    não posso pensar que o meu pai ande metido com... com
    uma preta.

Desta vez, ele disse a palavra. Antes, sempre a evitara. Mas a pronunciara por extenso, com todo seu peso: preta. Talvez porque a pessoa nomeada fosse mulher. Seria mais difícil dizer a palavra no masculino. Quando me dirigi ao miúdo não havia ponta de raiva na minha voz:

– Nunca mais volte aqui!

Ele se retirou, cabisbaixo. À saída, deixou o saco com berlindes sobre a tábua do portão. Só quando o vi extinguir-se por entre as gotas é que dei conta de que, durante todo aquele tempo, meu avô não dera sinal. Procurei na varanda. Mas não o encontrei na sua eterna cadeira de balanço. Meu avô desaparecera. Seria motivo de alarme mas, na circunstância, eu estava tão atordoado que nem me movi. Apoiado na balaustrada, deixei as pernas balançarem: eu embalava o filho do diabo. Dos meus lábios fluía uma espécie de oração. Mas não encontrava palavra nem crença. Minha tia enganava-se nas rezas. Eu não encontrava um deus a quem suplicar.

Nosso pai voltou horas depois, esfarrapado, os braços cobertos de sangue. Ele nada disse. Apenas lançou um suspiro e se fez desabar sobre o chão. Escutaram-se choros. Comedidos para não despertar os maus deuses. A tia se debruçou sobre o meu velho e disse:

– Venha, cunhado, venha que lhe vou lavar.

Meu pai se deixou conduzir como um ébrio. Por um momento, pareceu-me que a tia o arrastava para uma dança, rumo a esses embalos fatais com que ela jiboiava os homens.

A Derradeira Gravidez da Tristeza

Saí correndo, em desespero. Me precipitei para a fábrica.
Nem meio caminho percorri. Um camponês me alertou:

– Procura a sua mãe? Pois, foi seu pai que lhe levou para
o rio, foi matá-la lá.

A ideia de encontrar minha mãe golpeada me roubava
as forças. Eu já não corria, apenas cambaleava ao sabor
da inclinação da encosta. Tudo em redor rodopiava, mas
à minha cabeça chegava, com clareza, a consumação do
presságio. Então, era isso: o renascer da lenda. A primeira
Ntoweni sacrificara a sua vida para libertar a água e salvar
os seus. Esse destino revivia agora em minha mãe. Nada
sucede de primeira vez, tudo é reedição de algo já sucedido.
Quando pisei a margem, meu corpo pingava como se eu
tivesse atravessado um oceano. Exausto, tombei. Escutei,
então, uma voz de mulher. Era minha mãe que chamava.
Estava ferida, incapaz de se levantar.

– Ele não me fez mal, filho. Seu pai não me magoou.

O que tinha sucedido? Os dois se despenharam dos rochedos.
Ambos ficaram feridos nessa queda.

– Lutavam?

M   A   T   O

Ela respondeu, sorrindo:

– Fazíamos exactamente o contrário.
– O contrário?
– Nós estávamos namoriscando. Escorregámos, sem querer,
   nesses penhascos.

Acontecera assim: no início ele queria matá-la, fazê-la pagar
pela traição. Minha mãe enfrentou aquela carga com
serenidade. E lhe disse com o mesmo sossego com que
me dizia agora:

– Esse homem nunca chegou de me tocar.

Meu pai não acreditou. Disse que conhecia bem aquele
ranhoso desse negro, esse que tanto se armava em pronúncia
de branco que já os lábios se afilavam.

– Não foi com esse negro que eu negociei meu corpo.
– Não foi?
– Foi com o patrão principal, foi com o branco.
– Afinal?

T

A   M   O

Meu pai parecia ter perdido a razão de sua raiva. Minha mãe disse que ele suspirou, como se fosse em alívio. Depois, levantou o rosto e inquiriu:

– E. então, você foi com esse branco?
– Não, não fui.
– E por que não foi, mulher?

O tom dele parecia, no momento, de desilusão. Parecia quase repreendê-la por não ter acedido. A mãe não quis alongar conversa. E cortou, célere:

– Não fui nem vou com nenhum outro homem, preto ou branco.

Olhei o rosto dela, parecia uma bandeira de orgulho. Uma serenidade interior lhe iluminava o semblante.

– Verdade. mãe? Esse branco não abusou da senhora?
– Desde o primeiro dia. ele me desejou, sim. Mas o homem não era capaz. Disse-me que eu cheirava à minha raça.

O branco ordenou que ela se devia perfumar. E lhe quisera

oferecer, mesmo, um frasco de perfume. Mas ela recusara.
Tinha em casa um frasco de cheiro que sobrara de sua festa
de noivado. E foi esse vidro que ela quebrara de encontro
à parede do quarto.

– Mas, mãe, por que não disse logo ao pai, por que não contou
   desde o princípio que, afinal, nunca esse outro lhe tocou?
– Para ele sofrer de ciúme! A vocês, homens, faz bem uma dor
   dessas. Vocês são fracos por falta de saber sofrer.

Também eu sorri. Suspirei. No fundo, eu me libertava
da obrigação de ser cúmplice de algo que, antes, me surgia
como uma traição.

– Eu pensava que a mãe estava repetindo a lenda de Ntoweni.
– Contaram-lhe essa história?
– Sim, foi o avô.
– Disseram-lhe que o imperador possuiu a nossa primeira avó?
– Sim, disseram.
– Pois essa é a versão que os homens contam. Nós, mulheres,
   temos uma outra versão.
– Outra versão?

– Dou-lhe um conselho, filho. Nunca diga que uma mulher foi sua. Essas são coisas para nós, mulheres, dizermos. Só nós sabemos de quem somos. E nunca somos de ninguém.

Ela ficou olhando-me com ar indefinível. Seu rosto me cumprimentava, ela tomava o gosto de ser mãe e me ver ali filhando, pronto a tomar conta dela. Voz amaciada, retomou a palavra:

– A primeira vez que eu o vi, meu filho, você ainda nem tinha nascido. Eu o vi numa gota de chuva.

Sim, ela me vira numa gota que escorria pelo vidro, como se tivesse intenção de fazer parte da casa. Minha mãe colheu essa gota na ponta do dedo e, depois, a semeou entre as pestanas. Nessa altura ela prometera:

– Na próxima tristeza hei-de chorar-te a ti, meu filho...

Eu não lhe saí do ventre. Mas da tristeza. Era por isso que aquela chuva, aquela chuva que não tombava, estava falando fundo em sua alma.

– E diz o quê, mãe?
– São segredos entre mulher e água.

E ali ficámos falando, como nunca havíamos conversado. O que me dizia, em confissão: nunca ela me dedicara nem mimos nem doçuras. Procurava agora uma desculpa? Que se tinha contido nos afectos para se defender de sofrer. Tivera filhos, todos tinham partido. Eu nascera fora do tempo, já ela se cansara de ser mulher.

– É o que lhe dizia, você me nasceu da tristeza. Da tristeza
  de ter perdido os outros, seus irmãos.
– Mãe, agora já chega de falar em coisa triste. A senhora está
  ferida, venha que eu a ajudo a regressar.

Levantou-se apoiada em mim, olhou o leito seco e sorriu.

– Essa vida é cheia de graça, meu filho.

Era ali naquela curva do leito que naufragavam as peças
da roupa que ela deixava escapar na corrente. Agora, tantos
anos passados, ela mesma tinha sido despejada naquele
remanso como se fosse um pano largado das mãos de uma
lavadeira.

– Sabe por que eu soltava as roupas, meu filho?
– Como posso saber?
– Para descobrir com quem seu pai me traía.

Era um velho procedimento para se revelar traição.
A lavadeira devia soltar os panos na corrente. A roupa
que não fluísse, flutuando na ondeação, essa roupa
pertencia ao culpado ou à culpada.

– E houve roupa que não seguiu na
  corrente?
– Houve sim, meu filho. Essa roupa
  não se afundou na água. Se afundou
  em mim.

A Viagem do Avô

Entrámos em casa, eu amparando a minha mãe. Na sala, meu velho se entregava aos tratamentos da tia. Ela lhe aplicava limpezas e curativos. Minha mãe libertou-se com firmeza dos meus braços e avançou para junto do meu pai, retirando os panos e ligaduras das mãos da irmã.

– Deixe, eu é que faço isso!

A tia se arredou. Daí a um momento, porém, ela regressou ao cadeirão onde meu pai estava recebendo tratos e inquiriu a minha mãe:

– Posso ajudar, mana?
– Ajudar, pode.

Deixei as duas entretidas, cuidando de meu pai. Dirigi-me ao alpendre, para confirmar se meu avô já dera conta de si. Mas a sua cadeira permanecia vazia. Olhei para o céu, não fosse ter sido arrebatado por alguma brisa. Até que reparei no seu vulto, por entre a cortina do chuvilho. Lá estava ele, mais lá em baixo, junto ao poço. Parecia debruçado sobre a canoa como se a empurrasse.

– Meu neto, me ajude a levar este barco até ao rio.

O velho resvalou com toda a sua ausência de peso. Tombou como uma folha. Então, murmurou:

– Eu sabia desde o começo: esse chuvilho era ela...
– Ela?

– Era Ntoweni que me estava chamando.

– Não diga isso, avô.

– É Ntoweni que me está a chamar. Eu queria ficar um bocadinho mais, saborear um tempinho. Mas agora é já momento de eu ir, vamos empurrar o concho...

– Não, avô. Esse concho não sai daqui.

– Você não entende? Essa água que está suspensa, essa água não é nenhuma chuva.

– Como não?

– Essa água é Ntoweni. É ela que se mudou para o céu. E, pronto, agora acabou conversa. Me ajude a empurrar o barco...

Recusei. Eu sabia o motivo desse pedido. Segurei o barco como se tivesse medo que, por força divina, ele resvalasse para o rio.

– Esse barco não sai daqui, avô!

– Mas qual é o seu medo? O rio não está seco?

Eu já não tinha palavra. O soluço me amarrava a voz. O avô, então, mudou suas tonalidades. Tocou-me as mãos como sempre fizera quando pescávamos.

– Eu não estou a partir, meu neto. Eu vou só ver o mar.

– Mentira...

– Juro, meu neto. Desta vez é que vou visitar o mar. Você sabe por que é que, antes, eu nunca fui lá?

– Não, não sei.

– Porque aquilo era uma partida desses artimanhosos da sua família. Uma partida para se verem livres de mim.

– Como assim, avô?

– Se eu fosse lá, ao estuário, depois nunca mais poderia voltar.

– Não podia?

– Me diga, meu neto. O estuário: não é lá que o rio termina?

– Sim, é.

– Então, se o rio termina, como é que eu poderia voltar?

Eu ri-me. Ainda um riso triste. Meu avô estendeu-me o braço como se fizesse menção de me erguer do chão.

– Vá, agora me ajude.

Não sei que secreta força me fez aceder. Juntei músculo e tristeza para empurrar a canoa. Lentamente, meus pés se vincaram no chão, corpo jogado de encontro ao peso do barquito. No início, ainda a embarcação foi cedendo. Mas logo ganhou um peso intransponível. Era demasiado para mim. Foi quando escutei a voz de meu pai:

– Deixe que eu ajudo, meu filho.

Os braços fortes dele se aplicaram no ventre da canoa. Ainda levei um tempo a ajustar-me ao espanto. Olhei o rosto do pai à procura de algo em seu olhar. Mas ele guardava o rosto, fixando a canoa. Depois voltei a aplicar-me no esforço e juntos conduzimos a embarcação para o leito seco.

Chegados ao rio, exaustos, nos derramámos na areia. Estávamos cansados ou o cansaço era um modo de disfarçar a nossa tristeza? Perguntei, então:

– Por que me ajudou a levar a canoa?

– Eu não o ajudei
  a si, filho. Eu
  ajudei-me a mim.

O braço sobre o meu
ombro me dizia para
sentar. Meu pai me queria
confessar intimidades. Que o
avô tinha falado com ele. E lhe mostrara como ele, o meu
pai, não sendo o mais idoso era o mais envelhecido de todos
nós. Porque era o mais desistido de tudo, o mais alheio ao
alento e à crença. Aquela chuva se imobilizava junto ao solo?
Pois também ele, o meu pasmado pai, tinha estancado junto
à vida. O avô entendera o porquê da desistência de meu pai
viver, o falir da sua esperança. O verdadeiro motivo daquela
modorra não era ele ter estado, anos e vidas, fechado nas
minas. Todo homem, afinal, está sempre saindo de um
subterrâneo escuro. É por isso que tememos os bichos que
vivem nas tocas: partilhamos com eles esse mundo feito de
trevas, segredos murmurados por demónios em chamas.
O verdadeiro motivo de meu pai ter desistido era porque ele
se pensava como o centro de si mesmo. Meu pai estava
entupido de si próprio. Ele fora sufocado pelo seu umbigo.

A solução era sair de dentro de si, arregaçar as mangas
e os braços, arregaçar a alma inteira e tomar a dianteira
sobre o destino.

– Você já escavou no fundo da terra. Escave agora no céu.

Foi assim que o avô falou. Meu pai entendeu, sem mais
explicação. O avô queria a viagem. Na outra margem estava
Ntoweni. Do outro lado do chuvilho estava um rio parado.

A canoa e mais a viagem fariam a ponte que faltava.

– A ponte entre o rio e a chuva? – perguntei.
– A ponte entre eu e você, meu filho.

Sim, porque a ponte entre ele e minha mãe já estaria refeita,
a paixão renascida da cinza pela fagulha do ciúme.

– Eu me sinto na boca da mina, espreitando a claridade. Sua
    mãe me dá à luz. É isso que eu sinto. Você lembra como
    dizia o avô?

Dizia? Meu pai já falava do avô no passado. Abanei a cabeça
em recusa desse tempo de verbo mais do que em resposta
a meu pai.

– O amor não é a semente. O amor é o semear. Era assim que
    o mais-velho dizia.

Nos erguemos, sem pressa, para subir a ladeira. Meu velho
espiou-me o semblante para confirmar a minha tristeza.

– Não fique triste, filho. Que tudo isso é um engano. Não é
    o morrer que é para sempre. O nascer é que é para sempre.

E fomos buscar o avô. Trouxemo-lo nos braços como se ele
fosse uma criança. Depois o deitámos no barco. Meu pai
apontou a proa em direcção ao mar. Eu coloquei os remos
dentro da canoa. Mas ele devolveu-mos.

– Não preciso. O remo sou eu mesmo...

O Suspirar do Fumo

Regressámos, eu e meu pai, em silêncio. Nenhum de nós chorava. Mas nós estávamos em pranto, isso ambos sabíamos. O avô ficara dentro da canoa, ancorado no leito seco. Fingira adormecer, apenas para que acreditássemos que nada mais tínhamos que fazer junto dele.

No caminho, meu pai e eu evitávamos trocar olhares. Subimos a ladeira como quem regressa de um cemitério. Perto de casa, de repente, foi como se esbarrássemos num silêncio. Um silêncio viscoso como a chuva suspensa. Os nossos olhares se cruzaram de espanto.

– A fábrica!

Os motores da fábrica tinham parado. As grandes chaminés já não vomitavam fuligens escuras.

– Os fumos, pai, já não há fumos...
– Foi o rio, foi o rio! – gritava meu pai.

E ele estava certo. O rio derrotara a fábrica. Em nosso pensamento certeiro, tudo ganhava razão: a força da água é que alimentava as máquinas. O rio se extinguira, a fábrica desmaiara, os fumos desvaneciam.

De súbito, deflagraram ventanias e cacimbos, gotas e poeiras, tudo se juntou num remoinho imenso e subiu nos céus, em girações e vertigens, até se formarem nuvens espessas e cinzentas. Depois, ribombaram trovões tamanhos que eu vi o céu rasgando-se como um papel sem préstimo. E logo se

iniciaram as mágicas tintilações no nosso tecto. O zinco
gargalhava com a chegada da chuva. A tia tombou sobre
os joelhos e se benzeu:

– Lavado seja Deus!

Foi a alegria total. E pulávamos, dançávamos, festejávamos.
As gotas espessas escorriam por nós como se daquele banho
fôssemos nascendo. Surpreendeu-me meu pai, tocando-me
no ombro:

– Vamos ao rio. Vamos agradecer, meu filho.

Eu não sabia como se agradece a um rio. À medida, porém,
que os meus pés procuravam caminho entre as rochas eu
entendia: não era ao rio que iríamos agradecer. Era ao fio
do tempo, esse costureiro da água que entrelaçava o pingo
da chuva com a gota do rio.

Já no fundo do vale, meu pai estacou junto a um tronco
de árvore. Me aproximei. Ele estendeu o braço para encostar
a sua mão sobre o meu peito.

– Está a ouvir o pilão?
– Sim, pai – menti.

O braço dele ampliava o meu pulsar, a veia de um afluindo
no corpo do outro. E ele voltou a falar:

– Sempre foi esse o pilão que bateu por baixo do mundo.

Então, ele me deu a mão e, assim, mão na mão, descemos até
à margem. Eu tinha os olhos grudados nele quando inspirou
fundo, como faria ao sair das profundezas da mina. Me senti
um mineiro, ganhando fôlego na boca do planeta: também
para mim o ar se estreava, límpido e cristalino.
Razão tinha a tia, em suas rezas: cristais no céu...

Meu velhote, depois, se debruçou para recolher o ramo de
kwangula-tilo. Foi quando sucedeu: do buraco onde estava
espetada a planta desatou a despontar água aos borbotões,
gorgolejando por entre a areia. Meu pai juntou as palmas das
mãos, em concha, para colher aquele primeiro jorro de água.
Essa água nua, acabada de nascer, ele a fez tombar sobre
mim. Como se me estivesse dando um novo nome.

Quando olhei em volta vi que a família inteira se havia ali
ajuntado. Os pés descalços das mulheres chapinhavam, num
compasso de dança. Aos poucos, a água se vestiu de caudal.
E se escutava já o remoinhar alegre da corrente. O rio refazia
as suas margens.

Segui em rumo contrário à correnteza. Procurava o lugar
onde, instantes antes, havíamos deixado o avô. Cruzei com
a mãe que rodava, enlaçando meu pai. E mais lá, caminhando
rumo à ponte, o aceno de um lenço: minha tia ia ou
regressava? E, de súbito, como um faiscar de claridade,
junto à outra margem, entrevi a velha canoa. A pequena
embarcação já vogava, lenta, ao sabor da primeira ondulação.
O coração me atordoava enquanto lutava contra a corrente.
O nosso mais-velho estaria ainda dentro do barquinho?

Estaria vivo, poderia eu recolher o seu corpo magro e o trazer de volta a nossa casa?

– Avô! – gritei.

E de novo gritei e gritei até deixar de me escutar, a voz submersa no remoinhar da corrente. Mas o barquinho foi, se dissolveu no horizonte. A última coisa que vi não foi a canoa mas a cabaça tombando das mãos da primeira Ntoweni. E da cabaça irrompendo, fluviosa, a serpente prateada da água.

Ainda hoje meus passos se arrastam nessa travessia do rio, olhar perdido na outra margem. Meus passos se vão tornando líquidos, perdendo matéria, diluindo-se no azul da correnteza. Assim se cumpre, sem mesmo eu saber, a intenção de meu velho avô: ele queria o rio sobrando da terra, vogando em nosso peito, trazendo diante de nós as nossas vidas de antes de nós. Um rio assim, feito só para existir, sem outra finalidade que riachar, sagradeando o nosso lugar.

Como ele sempre dissera: o rio e o coração, o que os une? O rio nunca está feito, como não está o coração. Ambos são sempre nascentes, sempre nascendo. Ou como eu hoje escrevo: milagre é o rio não findar mais. Milagre é o coração começar sempre no peito de outra vida.

N

A

M

P

T

F

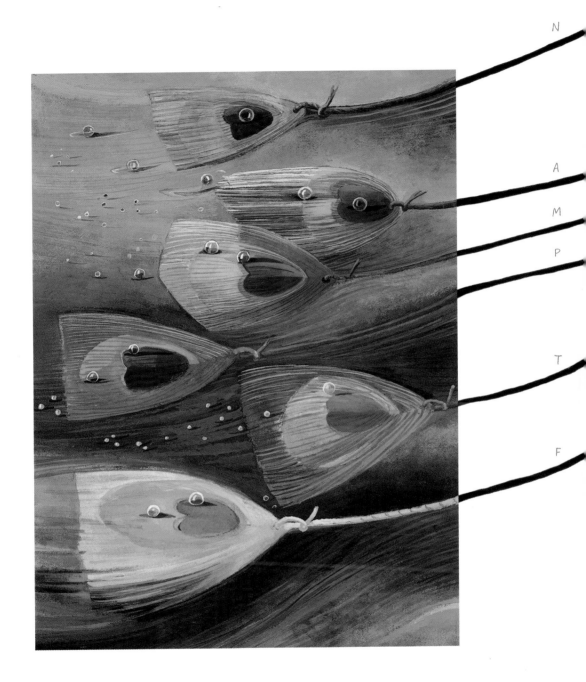

Fotografia: José Frade

Fotografia: Alfredo Cunha

Mia Couto nasceu na Beira,
Moçambique, em 1955. Foi jornalista.
É professor, biólogo, escritor. Está
traduzido em diversas línguas. Entre
outros prémios e distinções (de que se
destaca a nomeação, por um júri criado
para o efeito pela Feira Internacional do
Livro do Zimbabwe, de *Terra
Sonâmbula* como um dos doze melhores
livros africanos do século XX), foi
galardoado, pelo conjunto da sua já
vasta obra, com o Prémio Vergílio
Ferreira 1999.

Danuta Wojciechowska nasceu no
Québec (Canadá) em 1960 e é
licenciada em Design de Comunicação
(Zurique), com pós-graduação em
Educação obtida em Inglaterra. Vive
e trabalha em Lisboa desde 1984. Em
1992 fundou o atelier Lupa Design,
onde se dedica ao design, ilustração
e cenografia.
Recebeu o Prémio Nacional de
Ilustração de 2003. Foi a candidata
portuguesa ao Prémio Hans Christian
Andersen em 2004.